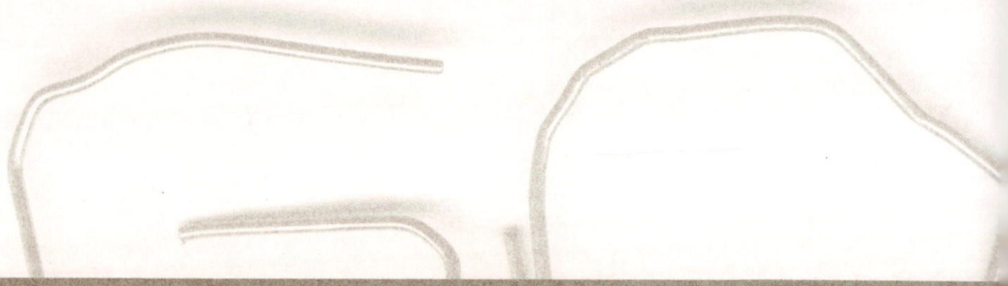

[Du bist bei mir]

Impressum

© 2004 Brunnen Verlag Gießen | www.brunnen-verlag.de | Konzept: Petra Lütjen | Layout, Design und Satz: Olaf Johannson, spoon design department
Illustrationen: Almut Schweitzer | Fotos: Spoon, Stockbyte, Ingram, Brand X Pictures | Druck: Proost, Belgien | ISBN 3-7655-6388-9 | 2. Auflage 2005

Clemens Bittlinger

Du bist bei mir

BRUNNEN
VERLAG GIESSEN · BASEL

„Der Herr ist mein Hirte,
mir wird nichts mangeln.
Er weidet mich auf einer grünen Au
und führt mich zum frischen Wasser.
Er erquickt meine Seele.
Er führt mich auf rechter Straße
um seines Namens willen.
Und ob ich schon wanderte im finstern Tal,
fürchte ich kein Unglück; denn du bist bei mir,
dein Stecken und Stab trösten mich.
Du bereitest vor mir einen Tisch
im Angesicht meiner Feinde.
Du salbst mein Haupt mit Öl
und schenkst mir voll ein.
Gutes und Barmherzigkeit werden mir folgen
mein Leben lang,
und ich werde bleiben im Hause des Herrn
immerdar.“

Psalm 23

Inhalt

Vorwort

„Lieber Gott, wenn es dich gibt, dann möchte ich dich kennen lernen ...“ Auf einen kleinen Zettel notiert, hatte die 14-jährige Tina diese Botschaft an die Pinnwand einer Kirche geheftet.

Liebe Tina, möchte ich antworten, in der Bibel kannst du ganz viel über Gott, aber auch über dich selbst erfahren. In diesem Buch, das du jetzt vor dir hast, haben wir für dich den wohl bekanntesten Text der Bibel ausgesucht: den Psalm 23 „Der Herr ist mein Hirte“. Er nimmt dich gewissermaßen an die Hand und begleitet dich auf einer spannenden Entdeckungsreise zu einem Leben mit Gott. Das Tolle dabei ist, dass du selber ständig darin vorkommst mit deinen Fragen, mit dem, was dir Angst macht, mit deinen Begabungen, mit dem, was dir Spaß macht, mit deiner Zukunft und mit vielem mehr. – Na, habe ich dich ein bisschen neugierig gemacht? Na, dann mal los ... und viel Spaß beim Lesen!

Dein Clemens Bittlinger

„Was soll man dazu sagen?"

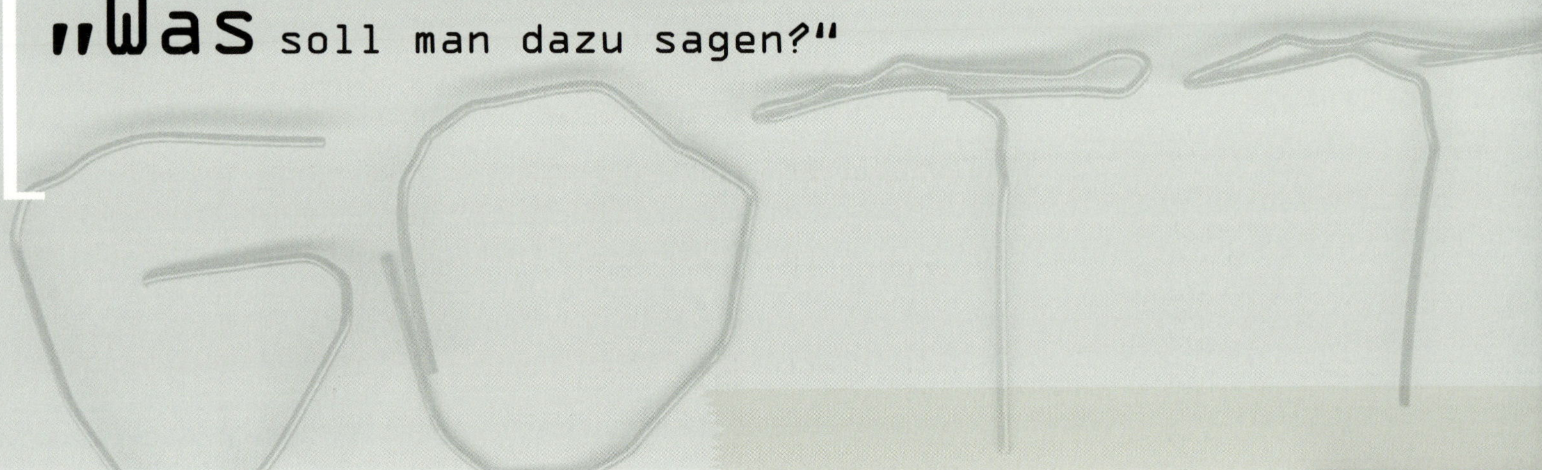

G O T T – das sind zunächst einmal vier Buchstaben. G O T T – seit es den Menschen gibt, hat er versucht, das, was er nicht begreifen kann, in Worte zu fassen.

G O T T – unser Wort für den, der alles gemacht hat, für den Schöpfer, der auch uns Menschen erschaffen hat. G O T T – unser Name für den, der all das Leid auf dieser Welt sieht. G O T T – ein Begriff für etwas, was es vielleicht auch gar nicht gibt ... oder?

Angenommen, dieses Wort GOTT beschreibt tatsächlich etwas Unfassbares, das diese Welt, ja den gesamten Kosmos in Gang gebracht hat – das wäre doch spannend. Und noch viel aufregender wäre es, wenn es möglich wäre, mit diesem Wesen in Kontakt zu treten. Die Bibel, auch das Wort Gottes genannt, erzählt uns, dass wir Gott nicht egal sind und wie Menschen mit Gott Verbindung aufgenommen haben: Es ist ganz einfach, sie haben mit ihm geredet, haben ihn um Hilfe gebeten, haben sich bei ihm beschwert und manchmal auch bedankt: Danke, lieber Gott, für diesen schönen Tag! Beten nennt die Bibel das.

„Selbst, wenn einer irgendwann beweisen könnte, dass es Gott nicht gibt, würde er dennoch keine Erklärung dafür finden, warum das Weltall sich die Mühe macht zu existieren."

Stephen Hawking – genialer Wissenschaftler, in einem Interview

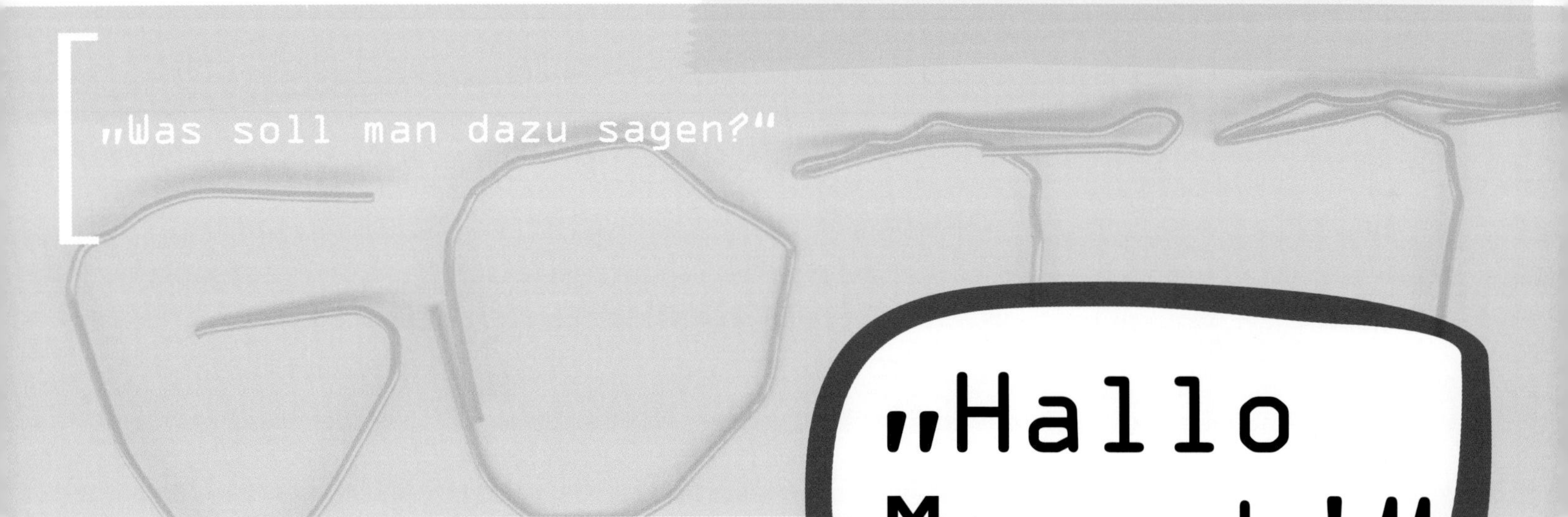

„Was soll man dazu sagen?"

„Hallo Mensch!"

Wenn ich mit jemandem ins Gespräch kommen möchte, ist es gut, wenn ich ihn persönlich anspreche. Angenommen, **du** wolltest mit Gott sprechen, welchen Namen würdest **du** ihm geben, wie würdest **du** ihn ansprechen? Ich meine, **du** sagst ja auch nicht zu **deinem** Freund oder zu **deiner** Freundin: „Hallo, Mensch!"

Wie bezeichnest **du** die Personen, die **dich** umgeben und prägen? Der Peter ist **dein** Vater. Die Yvonne ist **deine** Mutter. Die Ellen ist **deine** Schwester. Der Marc ist **dein** Bruder. Stefan ist **dein** bester Freund. Jürgen ist ein irrer Typ und Michael ein Bekannter. Alle Menschen, die **dich** umgeben, ordnest **du** ein und gibst ihnen Zusatzbezeichnungen, die beschreiben, welche Rolle der- oder diejenige für **dich** spielt.

Wer ist dann Gott für **dich**? Der Ferne, der Unbekannte, der Schöpfer, der Allmächtige – der Koran kennt 99 verschiedene Namen Gottes. Alle Religionen haben ihre eigenen Worte und Bilder für die vielfältige Erscheinungsweise Gottes. In der Bibel gibt es auch viele verschiedene Zusatzbezeichnungen für Gott. Allein in jedem christlichen Gottesdienst werden drei verschiedene Namen genannt: Vater, Sohn und heiliger Geist. Und jede Bezeichnung beschreibt eine andere Wesensart Gottes.

Es lohnt sich, Gott kennen zu lernen. Wenn du das möchtest, dann gib ihm – ganz für dich – jetzt mal einen Namen.

Vor ein paar tausend Jahren gab es einen Sänger und Dichter, der hat Gott so beschrieben:

„Der Herr ist mein Hirte.“

Du merkst es gleich, hinter diesem Bild, hinter diesem Namen „Hirte“ steckt eine ganz bestimmte Erfahrung. Der, der diesen Text, den Psalm 23 geschrieben hat, erzählt uns, wie er Gott wahrnimmt und spürt. Vielleicht etwa so:

„Der Herr ist mein Hirte ...“

„Der Herr ist mein Hirte ...“

Jemand sorgt sich um mich,

ich bin nicht allein.

Da steht jemand hinter mir

und will, dass ich in Frieden lebe.

Er passt auf mich auf.

Nicht wie ein Polizist,

nicht wie ein Sittenwächter,

sondern wie ein Freund

behält er mich im Blick.

Voll satt!

In der Hölle, so sagt man, sitzen alle um einen großen Topf mit einer ganz leckeren Suppe – aber niemand kann von der Suppe essen, weil die Stiele der Löffel viel zu lang sind, um sie zum Mund führen zu können. Im Himmel, so sagt man, sitzen auch alle mit ihren viel zu langen Löffeln rund um einen großen Topf, gefüllt mit einer ganz leckeren Suppe – aber alle sind fröhlich und satt, weil sie sich gegenseitig füttern.

Wie kommt es eigentlich, dass ich nie wirklich zufrieden bin? Irgendetwas fehlt mir doch immer. Irgendwelche Wünsche sind immer offen. Wie schön wäre es doch, wenn ich mal (wie im Psalm 23) wirklich sagen könnte: „Mir wird nichts mangeln." „Mangeln", ein komisches Wort, aber du kennst es vielleicht aus der Schule: „Mangelhaft" – das ist eine Fünf. „Mangelhaft" bedeutet: Da fehlt einiges, es ist nicht **zufrieden stellend**.

„Mir wird NICHTS mangeln" bedeutet: Ich vertraue darauf, dass mir nichts fehlt, dass ich gerade nichts verpasse und dass das, was ich jetzt gerade tue, genau das Richtige für mich ist.

5

„Mir wird nichts mangeln."

Doch die Wahrheit ist:

Ich bin immer wieder unzufrieden ...

... weil mir manchmal langweilig ist

... weil ich mir manche Markenklamotten nicht leisten kann

... weil ich gerne mehr Freunde hätte

... weil ich mich selbst hässlich finde

... weil ich mich mit anderen vergleiche, die es besser haben

... weil ich in der Schule nicht so gut bin

... weil ich abends nicht länger weg darf

... weil ich manchmal einfach unzufrieden bin

... weil ...

Sicher fallen dir noch ganz viele Punkte ein, mit denen du unzufrieden bist.

Hast du Lust, auch mal aufzulisten, warum du sagen könntest: „Ich bin zufrieden ..."? Komm, wir probieren es einmal:

Ich könnte zufrieden sein ...

... weil ich in einem friedlichen Land lebe

... weil ich gesund bin

... weil ich zur Schule gehen kann

... weil es mir im Vergleich zu Milliarden von Menschen so gut geht

... weil meine Eltern mich lieb haben

... weil ich Freunde habe

... weil ...

Siehst du dieses Glas? Was würdest du sagen? Ist das Glas halb voll oder ist es halb leer?

Du merkst, dass man ein und denselben Gegenstand ganz unterschiedlich beschreiben und empfinden kann. Jemand, der grundsätzlich eher negativ eingestellt ist (ein Pessimist), wird sagen: Das Glas ist halb leer, und bald ist es ganz leer und dann haben wir gar nichts mehr.

Jemand, der eher positiv eingestellt ist (ein Optimist), wird sagen: Das Glas ist **halb voll**, und bald ist es drei viertel voll und irgendwann vielleicht **ganz voll** – schön und hoffnungsvoll –, irgendwann wird das Glas überlaufen.

Die Stimmung, von der ich mein Leben bestimmen lasse, beeinflusst den Grad meiner Zufriedenheit. Wenn ich denke: Das Glas ist halb voll, dann kann ich auch sagen: „Mir wird nichts mangeln!"

Die Werbung sagt dir natürlich etwas ganz anderes, will dir bewusst etwas anderes sagen. Mit gut gemachten Film- und Musiksequenzen zeigt sie uns permanent Kleider, Getränke, CDs, Reisen und vieles andere, was wir „unbedingt noch haben müssen".

„Wohnst du noch oder lebst du schon?", fragt z.B. eine nordische Möbelkette und versucht uns, den Käufern, einzureden, dass alle, die nicht in einem ganz bestimmten Stil eingerichtet sind, mehr oder weniger vor sich hin vegetieren, anstatt wirklich zu leben.

Die Werbung versucht uns unzufrieden zu machen. Sie sagt genau das Gegenteil von „Mir wird nichts mangeln", sie schreit, singt, tanzt und spielt dir vor: „Dir fehlt was, dir fehlt was, dir fehlt was ..."
Der Psalm 23 dagegen will uns helfen –
zu einem guten, zufriedenen Lebensgefühl.

„Mir wird nichts mangeln."

Mir wird nichts mangeln.

Mir wird nichts fehlen – kann das stimmen?

Irgendetwas fehlt mir doch immer.

Nie bin ich wirklich zufrieden.

Und doch will ich darauf vertrauen,

dass mir eigentlich nichts fehlt,

dass ich nur die Augen öffnen muss

und sehen kann:

Alles, wonach ich mich sehne, umgibt mich,

und ich habe sehr viel Raum.

Wie im Paradies ...

Stell dir vor, du wärst ein Schaf, ein Schaf, das den ganzen Tag nur frisst, schläft, trinkt und wieder frisst. Deine Hauptbeschäftigung, dein Lebensinhalt ist das Grasfressen. Und du stellst fest: Da, wo ich lebe, geht mir niemals das grüne Gras aus. Ich werde immer genug Weide haben, um meiner Lieblingsbeschäftigung, dem Fressen, nachzugehen. **Ich brauche mir keine Sorgen zu machen**. Der Satz „Er weidet mich auf einer grünen Au" meint genau dieses Lebensgefühl.

Wie kommt es eigentlich, dass wir – hier in Deutschland, in einem der reichsten und sichersten Länder dieser Welt – bei Umfragen, in denen es um Glück und Zufriedenheit geht, mittlerweile auf Platz 15 rangieren, während andere Länder, in denen es den Menschen viel schlechter geht, viel besser abschneiden?

Anscheinend hat die Tatsache, dass wir satt sind, nichts damit zu tun, dass wir **glücklich** sind – vielleicht stimmt sogar das Gegenteil: Je satter wir sind, desto unzufriedener werden wir. Vielleicht sind wir einfach übersättigt ...

... und haben viel, vielleicht viel **zu viel** ...

... Fernsehprogramme
... Werbeangebote
... Freizeitangebote
... neue CDs
... Videos und Filme

„Er weidet mich auf einer grünen Au."

... Computerspiele

... Markenklamotten

... Supermärkte

... Fastfoodketten

... und haben dabei zu wenig, nämlich **zu wenig** ...

... Zeit – z.B. zum Erzählen

... Lust, selbst etwas auf die Beine zu stellen

... Mut, auch mal etwas zu verpassen

... Kraft, den Fernseher auszuschalten

... Geduld, mit den Geschwistern zu spielen

... Ruhe, ein Instrument zu lernen

... Energie, auf andere zuzugehen

Wie im Paradies ...

Wenn kleine Kinder ein schönes, überraschendes Geschenk bekommen, dann freuen sie sich total, beschnuppern und betasten es und packen es **genüsslich** aus. Anschließend widmen sie sich ausgiebig dem Geschenkten. Bekommen sie mehrere Geschenke (z.B. an Weihnachten oder zum Geburtstag), wächst mit jedem weiteren Geschenk eigentlich die Unzufriedenheit, weil sie gar keine Aufmerksamkeit mehr aufbringen können, das einzelne Geschenk zu würdigen. Hast du das auch schon mal erlebt?

„Er weidet mich auf einer grünen Au" – Ich z.B. gehe gerne gemütlich essen, am liebsten mit ein paar Freunden in ein gutes Lokal. Und da finde ich die Auswahl an Restaurants, wie wir sie in Deutschland haben, ganz toll: Wenn ich will, kann ich allein in der kleinen Stadt, in der ich lebe, griechisch, italienisch, serbisch, chinesisch oder deutsch essen gehen. Das gefällt mir – da fühle ich mich fast schon wie das Schaf auf seiner endlos grünen Weide.

Aber es macht auch Spaß, selbst zu kochen, Nachbarn einzuladen und gemeinsam einen schönen Abend zu verbringen. Vielleicht hast du ja mal Lust, es selber auszuprobieren. Bereite doch mal für deine Freunde ein schönes Essen mit Vorspeise, Hauptgang und Nachtisch zu – **zeige ihnen, wie wichtig sie dir sind**, indem du sie und dich einmal richtig verwöhnst. Das muss gar nicht viel Geld kosten. Schon für 10 Euro kannst du ein tolles Mahl für vier Personen zaubern.

„Er weidet mich auf einer grünen Au."

Menüvorschlag

Vorspeise: Caprese (Tomaten- und Mozzarellascheiben mit Basilikum)

Hauptgang: Nudeln mit Soße

Nachtisch: Eis

Er weidet mich auf einer grünen Au.
Frisches grünes Gras.
Für ein Schaf heißt das:
Genüsslich essen und satt werden.
Ich bin kein Schaf,
aber die grüne Weide mag ich auch
und das Gefühl, satt und zufrieden zu sein.
Für mich heißt das: Ich werde umsorgt
an Leib, Seele und Geist.
Mein Hunger wird gestillt.
Und mein Durst?

– Dazu kommen wir gleich.

Erfrischung gefällig?

An heißen Sommertagen zieht es die meisten ins Schwimmbad oder an einen Badesee. Wenn die Hitze so richtig „steht“, die Klamotten an einem kleben und man eigentlich auf nichts so richtig Lust hat ... dann einzutauchen in das kühle Nass und einfach ein paar Runden zu schwimmen – das ist herrlich und **total erfrischend**. Auch bei den Getränken ist ein gutes, kühles Mineralwasser kaum zu toppen, wenn jemand wirklich Durst hat ... ahhh – das **tut gut**. Und wenn man dann beides kombiniert, fühlt man sich so richtig von innen und von außen erfrischt.

„Er führt mich zum frischen Wasser ...“, so geht unser Text weiter.

Wusstest du, dass die Oberfläche unseres Planeten zu 70 % aus Wasser besteht? Wusstest du, dass unser Körper zu 98 % aus Wasser besteht?

Und wusstest du, dass die Versorgung der Weltbevölkerung mit Wasser in Zukunft eine der größten Herausforderungen an die Menschheit sein wird? Frisches Wasser

„Er führt mich zum frischen Wasser.
Wie das sprudelt und glitzert,
wie das schmeckt: frisches, klares Wasser,
als Quelle bricht es aus dem Felsen hervor.
Wasser heißt Leben.
Die Erde erblüht,
und auch ich blühe auf
und fühle: Er erquickt meine Seele.

bedeutet Leben, und „kein frisches Wasser" bedeutet Krankheit, Sterben, Wüste. In manchen Ländern der so genannten **Dritten Welt** gibt es zwar Wasser, aber es ist verschmutzt, so sehr verschmutzt, dass es die Menschen krank macht.

Du merkst, „frisches Wasser" ist Luxus. Das, was du für selbstverständlich hältst, nämlich, dass du morgens aufstehst, dich duschst, dir die Zähne putzt und die Klospülung betätigst – jeweils mit frischem Trinkwasser –, das bedeutet für andere Länder einen kaum vorstellbaren Überfluss.

Es geht dir besser, als du denkst – schau dich nur mal um.

Rundum **zufrieden**

Morgens mal so richtig lange auszuschlafen – ohne schlechtes Gewissen, ein tolles, spannendes Buch in einem Rutsch durchzulesen, eine schwierige Aufgabe glänzend zu lösen und sie dann anderen zu präsentieren, mit Freunden einen interessanten und entspannten Urlaub zu verbringen, bei schönem Wetter und einem lauen Lüftchen einfach im Schatten auf dem Balkon zu sitzen und Zeit zu haben, sich nach einem heftigen Streit wieder zu versöhnen, einen guten Witz zu hören, bei dem es mich schüttelt vor Lachen – das sind alles **Momente, die mir gut tun**, die „meine Seele und mein Herz streicheln". Vielleicht sieht deine Liste ganz anders aus, aber sicher kennst du auch Momente, die dir gut tun, in denen du dich wohl fühlst. Solch einen Moment, solch ein Gefühl meint der Psalm 23, wenn er sagt:

„... er erquickt meine Seele ..."

„Erquickt" ist ja irgendwie ein komisches Wort, klingt so altmodisch und trotzdem irgendwie frisch, „erquickend" eben. Schmökert man ein bisschen in verschiedenen Büchern über Wörter und ihre Bedeutung, so stößt man auf drei unterschiedlich Bedeutungen, die „erquicken" haben kann:

1. **Ich „erhole“ mich**, kann abhängen, verschnaufen, im Bett liegen bleiben und ausspannen.
2. **Ich „freue“ mich**, habe Spaß an etwas, fühle mich behaglich, amüsiere mich, ich „weide“ mich an etwas.
3. **Ich „stärke“ mich**, ich werde ermuntert, ermutigt, jemand stärkt mir den Rücken („Gutes und Barmherzigkeit werden mir folgen …“), ich werde erfrischt und belebt.

Erholung, Freude und Kraft – das alles braucht unsere Seele, und wenn wir uns nicht darum kümmern, dann verkümmert unser Herz. Dann werden wir ausgepowert, traurig und kraftlos.

Der Psalm 23 behauptet, wenn ich mich erhole oder wenn ich mich freue oder wenn ich mich stärke, dann hat das etwas mit Gott zu tun, dann erlebe ich auch ein bisschen von dem, was Gott mir schenken möchte.

„… er erquickt meine Seele …“

Ein göttliches Gefühl,
endlich mal wieder auszuschlafen, abzuhängen,
einfach mal in den Tag hineinzuschlendern,
die Beine in einen kühlen See zu tauchen
und die Seele baumeln zu lassen.

Ein göttliches Gefühl,
wenn es mich schüttelt vor Lachen,
von oben bis unten,
mir Tränen der Freude in die Augen schießen,
wenn Spaß und Humor mich beleben
von Kopf über Fuß, bis in die Spitzen.

Ein göttliches Gefühl,
wenn mir der Wind den Rücken deckt, mich stärkt,
und ich kraftvoll, ermutigt, ermuntert,
ausgeruht, heiter und mit vollem Segel
den vielen Böen gegensteuern kann.

Ein göttliches Gefühl – er erquickt meine Seele.

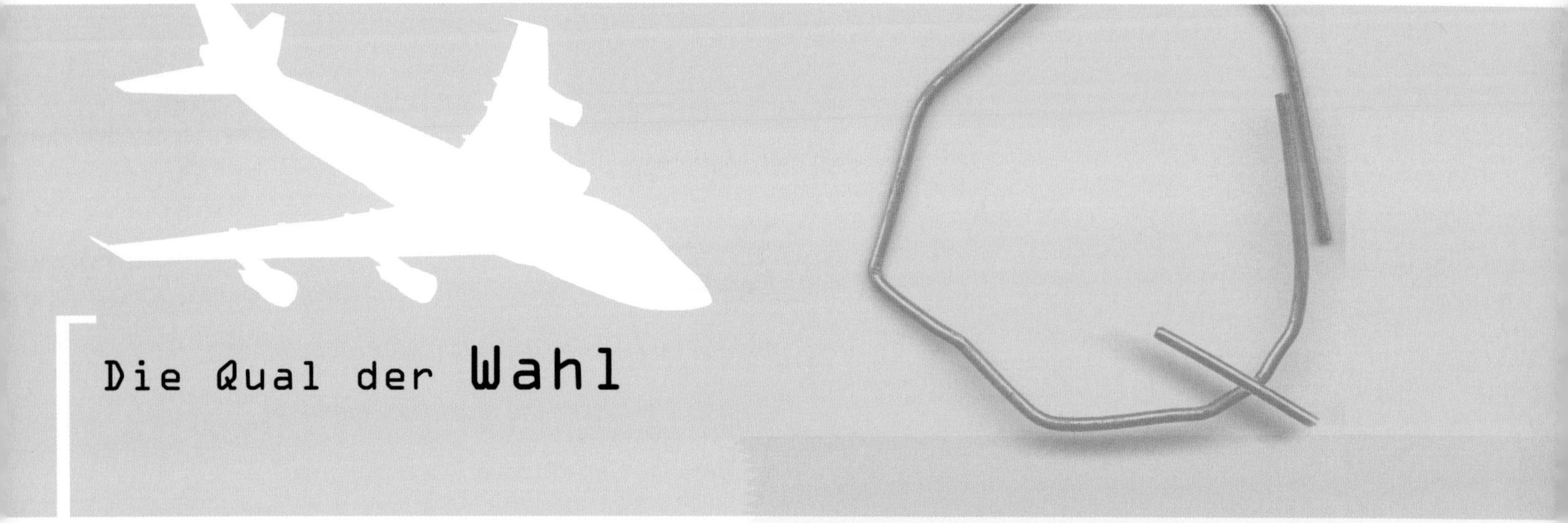

Die Qual der Wahl

„Ich möchte später einmal Sänger werden oder Pilot, vielleicht aber auch Schauspieler – schau, jetzt habe ich schon drei Berufe –, ich könnte ja auch Gitarrist werden oder Pfarrer, so wie du…" Die Wangen des Sechsjährigen glühten ob der vielen Möglichkeiten, die sich für ihn in seiner Fantasie eröffneten. Was Kinder noch spielerisch angehen, wird – je älter man wird – zu einer ganz wichtigen Frage: Welchen **Beruf** möchte ich später mal ergreifen? Wo ist **mein Platz** auf dieser Welt? **Wie möchte ich leben:** Möchte ich heiraten und vielleicht Kinder haben, oder möchte ich lieber doch alleine bleiben und tun und lassen, was mir gefällt – oder geht vielleicht beides?

„Er führt mich auf rechter Straße …" behauptet unser Psalm. Das heißt doch, **es gibt einen Weg für mich**. Das heißt vielleicht doch auch: Gott kennt einen richtig guten Weg für mich, für mein Leben. Wenn das stimmt, wäre es doch unglaublich spannend herauszufinden, welche Gedanken Gott für mein Leben hat, findest du nicht?

Wie kann ich herausfinden, welchen Weg ich einschlagen soll?

1. Du bist begabt!

Welche Begabungen hast du? Was macht dir Spaß? Welche Dinge „fliegen dir zu", und mit welchen quälst du dich ab? Fällt es dir leicht, anderen etwas zu erklären? Bist du gern mit anderen zusammen? Gefällt es dir, anderen zu helfen? Magst du gerne Musik? Schreibst du gerne? Trägst du gerne etwas vor? Stelle dir mal selbst ganz viele Fragen.

„Das kannst du gut!“

Es gibt keine blöden Fragen – nur blöde Antworten.

2. Welche Berufe gefallen dir?

Nehmen wir an, dir gefällt der Beruf Journalist. Informiere dich genau: Was macht ein Journalist im ganz normalen Alltag? Besuche eine Redaktion. Was muss man unternehmen, um Journalist zu werden? Welche Ausbildung braucht man? Wie sind die Zukunftsaussichten? ... usw. Das kannst du mit jedem anderen Beruf auch durchspielen.

3. Was sagen die anderen?

Was sagen meine Freunde? Was sagen meine Eltern? Was sagen meine Lehrer? Was denken und sagen die, die viel mit mir zu tun haben: Was kann ich gut? Was fällt ihnen positiv auf? Was könnte zu mir passen?

4. Was sagt Gott?

Der Mensch, der diesen Psalm geschrieben hat, geht davon aus, dass wir mit Gott sprechen können, dass wir ihn fragen können: Welchen Weg soll ich gehen? Welche Gedanken hast du für mein Leben? Bitte gib mir Hinweise, lass mich die richtigen Leute treffen und die richtigen Erfahrungen machen, dass ich wirklich meinen guten Weg finde.

Der gute Hirte meint es gut mit dir. Du kannst darauf vertrauen, dass er dein Leben begleitet und dir Hinweise

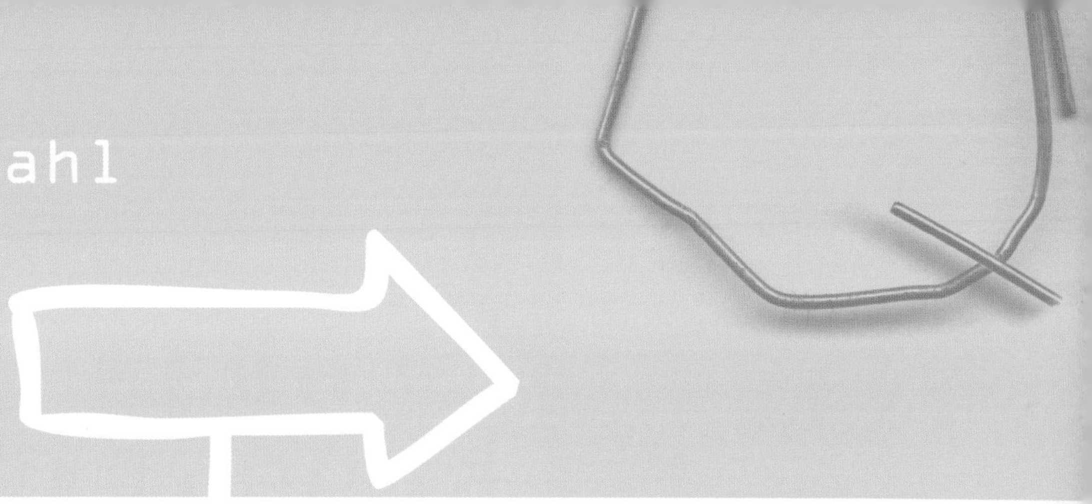

gibt. Oft merkst du gar nicht, dass ER mit im Spiel ist – es ist spannend, mit diesem guten Hirten zu rechnen.

5. Probiere es aus!

Wenn du den Eindruck hast: Dieser Beruf (Krankenschwester, Journalist, Computerfachmann etc.) könnte etwas für mich sein, dann geh hin und versuche, ob du schon irgendwelche Erfahrungen in diesem Berufsfeld sammeln kannst. Das könnte ein Praktikum sein, das könnte bedeuten, dass du ab und zu dich in deiner Freizeit engagierst, dass du Bekannte suchst, die den Beruf ausüben, und sie ausfragst. Du wirst es selbst merken, wie du mehr und mehr erfährst und dir ein Bild machen kannst!

Es gibt natürlich noch viele andere Bereiche im Leben. Die Frage: **Wie lebe ich richtig**, und zwar so, **dass es für mich und für andere gut und schön ist?**, stellt sich in vielen Bereichen:

- Wie gehe ich um mit meiner Sexualität?
- Wie finde ich eine Freundin oder einen Freund, der zu mir passt, der mir hilft und der oder die auch dann zu mir hält, wenn ich mal nicht so gut drauf bin?
- Wo finde ich gute Vorbilder?

Wenn du „Führe mich auf rechter Straße" zu einem Gebet machst, das dich begleitet, wirst du feststellen: Du merkst und spürst mehr und mehr, was dir gut tut und was für dich richtig ist. Wer so betet, schult sein inneres Ohr und wird hellhörig für die Stimme des guten Hirten in seinem Leben.

Führe mich

Führe mich auf rechter Straße,
ich bin oft so starr und träg.
Hilf mir, dass ich nicht verpasse,
deinen, meinen guten Weg.
Ich bin müde, ließ mich jagen
von der Arbeit und vom Geld.
Mitten hier in meinen Plagen
lass mich ahnen deine Welt.

Führe mich auf rechter Straße,
sonst verliere ich den Halt.
Wenn ich laufe, hetze, rase,
kann es sein, dass ich auch fall
und am Boden liegen bleibe,
ohne Kraft und ohne Mut.
Lass mich spürn am eignen Leibe:
Du bist da und meinst es gut.

Führe mich auf rechter Straße,
vor mir liegt die schiefe Bahn.
Und bis zum gewissen Maße
zieht sie mich in ihren Bann.
Doch dann seh ich die Gestalten,
die vergaßen, wer du bist,
lass mein Herz nie so erkalten,
dass es deinen Weg vergisst.

Führe mich auf rechter Straße,
um mich rum herrscht Dunkelheit.
Und ich irr durch finstre Gassen,
seh kein Licht mehr weit und breit.
Doch ich glaube, dass du da bist,
und ich singe dir mein Lied.
Der du mich auch durch die Nacht siehst,
höre bitte mein Gebet.
Höre bitte mein Gebet.

Text: Clemens Bittlinger

Musik: trad. (Herz und Herz vereint zusammen)

„Ich krieg die Krise!“

Jetzt bin ich auch noch krank und huste seit Wochen rum. Und wenn ich in den Spiegel schaue, vergeht es mir sowieso – kein Wunder, dass mich keiner mag, ich mag mich ja selbst auch nicht …“

So oder so ähnlich sieht es aus, wenn jemand in ein „finsteres Tal“ kommt, **wenn ich ganz unten bin** und nur noch miesepetrig durch die Gegend laufe und wenn andere mich vielleicht sogar meiden, weil ich sie „runterziehe“.

Das kommt einem dann vor wie ein böser Kreislauf, wie eine Sackgasse, aus der man selbst nicht mehr herausfindet.

„Manchmal kommt es ganz dick: Es scheint, als hätte sich alles gegen mich verschworen. Ich habe ständig Krach zu Hause: Die Geschwister nerven, die Eltern nerven – ständig werde ich ermahnt. In der Schule läuft es auch nicht so toll, meine Freunde haben mich enttäuscht.

„Und ob …“ betet unser Text trotzig. „Und ob ich schon wanderte im finstern Tal, fürchte ich kein Unglück.“

Und ob – das könnte man auch mit „jetzt erst recht …“ oder „gerade dann …“ übersetzen. Jemand hat **Gott** einmal mit einem **Piloten** verglichen, der uns sicher aus einem Unwetter herausfliegt:

„Und ob ich schon wanderte
im finstern Tal ..."

Der Pilot

So manches Mal hab ich geglaubt,
ich könnte keinen Schritt mehr weitergehn,
hab dir manchen Nerv damit geraubt,
ich kann es schließlich selbst oft nicht verstehn.

Bin dann wie krank, dem Irrsinn nah,
aber Weltschmerztabletten gibt es nicht.
Doch bevor ich mich total verfahr,
schaffst du mir wieder eine klare Sicht.

Und wenn's sein muss, dann bist du der Pilot,
der mich sicher durch alle Stürme der Gefühlswelt fliegt,
wenn mir der Abstieg ins Jammertal droht,
bist du die Quelle des Trostes, die nicht versiegt.

Bin mir nichts wert und lass mich gehen,
wenn meine Seele wieder Trauer trägt,
bin mir im Weg, will mich nicht sehn,
weil mich das Selbstmitleid beinah erschlägt.

Doch wenn's eng wird, dann bist du der Pilot,
der mich sicher durch alle Stürme der Gefühlswelt fliegt,
wenn mir der Abstieg ins Jammertal droht,
bist du die Quelle des Trostes, die nicht versiegt.

Wenn ich jonglier mit mir und die Balance verlier,
wenn sich der Abgrund auftut ohne einen Halt,
dann bist du da.

Und wenn's eng wird, dann bist du der Pilot,
der mich sicher durch alle Stürme der Gefühlswelt fliegt,
wenn mir der Abstieg ins Jammertal droht,
bist du die Quelle des Trostes, die nicht versiegt.

Text: Sybille Ruisinger

Bange machen gilt nicht!

Jeder Mensch hat Angst. Sie gehört zu unserem Leben wie die Luft, die wir atmen. Schon bei deiner Geburt war sie da, die Angst. Die Angst der Eltern, dass alles gut geht und du heil auf die Welt kommst, die Angst der Ärzte und Hebammen, dass sie auch alles richtig machen, und natürlich deine Angst, gewohntes Terrain (den Bauch der Mutter) zu verlassen und hinaus in eine helle, laute und unbekannte Welt zu purzeln. Seitdem ist die Angst in deinem Leben. **Sie hilft dir**, Gefahren richtig einzuschätzen. Sie hält dich zurück, wenn du dich allzu tollkühn in ein Abenteuer stürzen möchtest. Sie klingt in der inneren Stimme, die dich in bestimmten Situationen warnt.

Aber **sie kann auch übermächtig werden**, die Angst, sie kann dich bedrängen und in die Ecke treiben, und dann ist sie keine Hilfe mehr, dann macht sie dich fertig, und du hast auf einmal Angst vor einem Lehrer, Angst vor bestimmten Schulkameraden, Angst vor schlechten Noten, Angst vor der Reaktion deiner Eltern, Angst zu versagen.

Ganze Industriezweige leben von unserer Angst, allen voran die Versicherungsbranche. Es gibt eigentlich nichts,

„... fürchte ich kein Unglück ...“

wogegen wir uns nicht versichern könnten. Der Grund, **warum wir uns gegen alles Mögliche versichern**, ist der, dass wir Angst haben: Angst vor Krankheit, Angst vor einem Unfall, Angst vor einem Wasserrohrbruch, Angst zu verarmen etc.

Als am 11. September 2001 zwei Flugzeuge in die beiden Türme des World Trade Centers donnerten und Tausende von Menschen in den Tod stürzten, da hatten auf einmal überall auf der Welt viele Menschen Angst. Wir hatten Angst vor der Zukunft, Angst vor Terror, wir merkten auf einmal, dass wir Angst vor dem Tod haben. Millionen von Menschen strömten in die Kirchen, zündeten Kerzen an, sprachen Gebete und sangen trostvolle Lieder, weil sie sonst keinen Ort wussten, zu dem sie hätten fliehen können.

Welchen Ort suchst du auf, wenn du Angst hast? Wie gehst du mit deiner Angst um?

„... fürchte ich kein Unglück ...“,

so betet unser Psalm weiter.

„Und ob ich schon wanderte im finstern Tal, fürchte ich kein Unglück ...“

Also sogar dann, wenn es mir wirklich mies geht, wenn mich scheinbar niemand versteht, brauche ich keine Angst zu haben?

Bange machen gilt nicht!

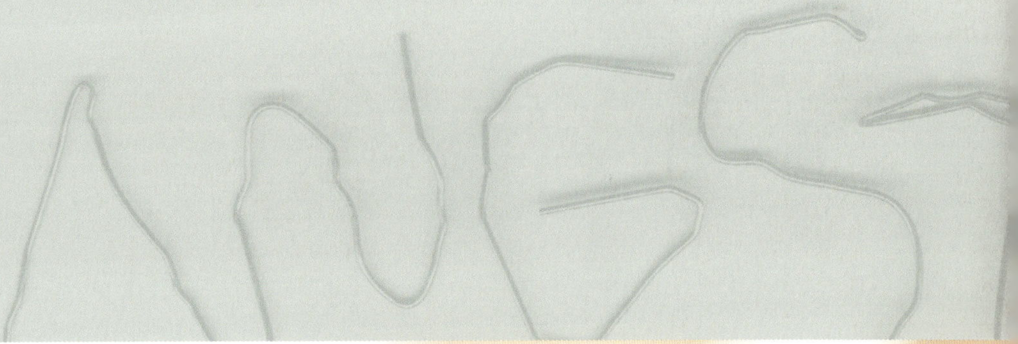

Ich habe aber Angst!!!

Ich möchte lernen, mit meiner Angst umzugehen. Ich möchte **Wege finden**, die mich aus meiner Angst herausführen. Ich möchte sagen können: „Sie ist da, die Angst. Aber ich fürchte sie nicht. Ich lasse mich nicht von ihr gefangen nehmen".

Tipps zum Umgang mit der Angst

Wenn ich mich fürchte, dann mache ich mir zunächst einmal bewusst, WOVOR ich eigentlich Angst habe: Ich benenne es ganz genau.

Dann versuche ich herauszufinden, WARUM ich eigentlich Angst habe: Ich benenne es ganz genau, schreibe es auf, male es vielleicht sogar.

Dann versuche ich mich zu informieren: WAS kann ich tun, um das Problem zu vermeiden?

Ich unterhalte mich mit anderen und stelle fest, dass ich **nicht der Einzige** bin, der in dieser Situation Angst hat. Wir tauschen uns aus, suchen nach gemeinsamen Lösungen. Je mehr ich merke, dass ich **nicht allein bin**, desto mehr schwindet die Angst.

Ein Beispiel: Ein Mädchen, das unheimlich toll malen kann, hat auf einmal schlechte Noten im Kunstunterricht. Sie hat keine Lust mehr zu malen, sie will auch ihr Lieblingsfach nicht mehr besuchen und schwänzt den Unterricht. Der Grund: Ihr Kunsterzieher beugt sich beim Kontrollieren der Arbeiten immer so unangenehm über sie und berührt sie dabei – sie spürt sogar seinen Atem, sie ekelt sich vor seinem Mundgeruch. Sie hat Angst vor diesem Lehrer.

Erst als sie ganz klar benennt, WOVOR sie Angst hat und WARUM, kann sie beginnen mit anderen darüber zu sprechen. Auf einmal merkt sie: Ich bin **nicht die Einzige**, die sich ekelt, anderen geht es ganz genauso. Das ist der Anfang eines Weges aus der Angst, an dessen Ende ein Gespräch der Schüler, der Schulleitung und der Eltern mit diesem Lehrer steht.

„Kein Mensch kann beim Anderen sehen und verstehen, was er nicht selbst erlebt hat", schreibt der Dichter Hermann Hesse. **Jesus sieht mich** und kann mich verstehen. Er hat es am eigenen Leib erlebt, was es heißt, Angst zu haben – Todesangst. Er weiß, wie einem zu Mute ist, wenn man von angeblichen Freunden im Stich gelassen oder, noch schlimmer: verraten wird. Jesus kennt deine Angst und möchte dir den Rücken stärken. Wer sich so verstanden weiß, kann täglich damit rechnen, dass Jesus da ist, und muss weniger Angst haben.

„Du bist bei mir!“

Manche sagen ja, der Name GOTT stünde für: „Guter-Opa-Total-Taub“. Der „alte Mann mit dem Rauschebart, irgendwo auf Wolke 27“, „das Christkind“, „der Weihnachtsmann“, „der gute Hirte“ – das alles sind Gottesbilder unserer Kindheit.

Und genauso, wie ich irgendwann nicht mehr an das Christkind geglaubt habe und sehr schnell gemerkt habe, dass der Weihnachtsmann lediglich der verkleidete Onkel Herbert war, so habe ich irgendwann auch mitbekommen, dass „der liebe Gott“ nicht einfach nur „lieb“ sein kann. **Gott ist anders**. Anders als mein altes Bild von ihm. Er will neu von mir entdeckt werden.

Trotzdem ist es manchmal gut, sich an die Bilder der Kindheit zu erinnern und zu schauen, was steckt eigentlich dahinter: Warum hat mich das Bild vom „guten Hirten“ als Kind getröstet? Und vielleicht: Warum hilft es mir im Moment nicht?

Genau das tut der Mensch, der den Psalm 23 betet und aufgeschrieben hat.

Zunächst betrachtet er das Gottesbild seiner Kindheit: „Der Herr ist mein Hirte ...“, und er beschreibt, warum ihn dieses Bild getröstet hat und warum es ihm geholfen hat: „... mir wird nichts mangeln, (denn) er weidet mich auf einer grünen Au, (denn) er führt mich zum frischen Wasser, (denn) erquickt meine Seele...“ Und – vielleicht auch, weil bisher alles ganz gut gegangen ist – betet er dann voll Vertrauen weiter: „... er führt mich auf rechter Straße ...“

Doch plötzlich ändert sich der Ton, denn aus dem Spaziergang der Kindheit wird auf einmal ein knallharter Überlebenskampf: „... und ob ich schon wanderte im finstern Tal, fürchte ich kein Unglück ...“

Der Texter des Psalms scheint ins Schwanken zu geraten, scheint zu spüren, dass es nicht ausreicht, sich die Welt der Kindheit heraufzubeschwören. JETZT muss er wissen, **dass Gott ihm beisteht**, ganz aktuell. Er spürt, dass die Gottesbilder seiner Kindheit nun nicht mehr tragen – es sei denn, er wagt es, **einen Schritt weiterzugehen** und diesen Gott seiner Kindheit, diesen „guten Hirten" direkt **anzusprechen**. Direkt. Hier und jetzt.

Er wagt es. Bezieht sich auf das, was er weiß, legt Gott darauf fest: **„... denn du bist bei mir ..."**

Und aus dem Betrachter wird auf einmal ein betender Mensch, also einer, der es wagt, Gott direkt und persönlich anzusprechen, und der dadurch eine neue und kraftvolle Gotteserfahrung macht. Er erfährt Gott – als einen mächtigen Verbündeten. Als einen Freund. Als den Herrscher, der ihn zum Königskind macht und der ihn – selbst

„Du bist bei mir!“

im Angesicht seiner Feinde – gelassen das Leben genießen lässt.

Gott möchte dein Freund sein

Wohl deshalb bezeichnet sich Jesus von Nazareth selbst als den „guten Hirten“, denn durch ihn begegnet uns auf einzigartige Weise die **Freundschaft** und die **Freundlichkeit** Gottes. Jesus ist ein Freund, der sich eben nicht verabschiedet, wenn es zur Krise kommt, sondern einer, der sich nicht zu schade ist, sich mitten hineinzubegeben in die Krise. Er ist ein Freund, der sich festnageln lässt auf seine Freundschaft zu dir und zu mir: am Kreuz von Golgatha, und der uns als der Auferstandene begleitet auch durch unsere finsteren Täler, auch durch unsere Angst.

Du bist nicht allein.
Jesus ist dein Freund.
Er will dich begleiten.

Du kannst eine ähnliche Erfahrung machen wie der Mensch, der den Psalm 23 aufgeschrieben hat, **wenn du es wagst**, den Gott deiner Kindheit, den Gott, den du vielleicht belächelst oder für gar nicht existent hältst, direkt anzusprechen.

Du kannst nächtelang mit anderen über Gott diskutieren – und es ist gut und wichtig, sich mit anderen auszutauschen darüber, was sie glauben und denken. Aber Gott persönlich kennen lernen wirst du erst, wenn du es wagst, vom Betrachter zum Beter zu werden. Ich möchte dich einladen, mit dem guten Hirten in deinem Leben zu rechnen und ihn direkt anzusprechen:

Mein Gebet zu dir, Gott

Guter Hirte,
Schöpfer des Kosmos,
ich weiß gar nicht,
ob es dich wirklich gibt.
Und doch merke ich,
da ist etwas, was mich anrührt,
wenn ich diesen Psalm lese:
„Der Herr ist mein Hirte“,
da ist mehr, als ich sehe,
erkenne und weiß.

Wenn es dich gibt,
möchte ich dich kennen lernen,
möchte ich spüren,
dass du mich begleitest,
möchte ich beten können:
Ich fürchte kein Unglück,
denn du bist bei mir!

Hilf mir, dass ich es lerne,
deine Spuren in dieser Welt zu lesen.

Amen.

Nicht ganz bei Trost?

Als ich noch zur Schule ging, kam es öfters vor, dass ich völlig **genervt** und auch **kaputt** nach Hause kam. Da hatte ich auch keine Lust, irgendwelche Fragen zu beantworten, sondern wollte am liebsten einfach nur meine Ruhe haben bzw. mich austoben. Ich hatte damals ein altes Schlagzeug in meinem Zimmer stehen. Ich legte mir eine Platte von den Beatles auf, nahm die Schlagzeugstöcke in die Hand und hämmerte darauf los, indem ich zu den Popsongs spielte.

Daran muss ich denken, wenn ich lese: „Dein Stecken und Stab trösten mich“ – es waren tatsächlich „Stecken“ oder besser gesagt „Stöcke“, die zu meiner Erleichterung beigetragen haben.

Die kleine Enya hat ein ganz bestimmtes Kuscheltier, das sie sich schnappt und fest an sich drückt, wenn sie **Trost** braucht, weil die Welt sich scheinbar mal wieder gegen sie verschworen hat. Sie verkrümelt sich dann in eine Ecke, drückt das Schmusetier ganz eng an ihre Wange und steckt den Daumen in den Mund.

Welche **Mutmacher**, welche Seelentröster hast du, wenn es dir schlecht geht, wenn du gefrustet bist? Wenn du eigentlich jemanden bräuchtest, der dich einfach nur

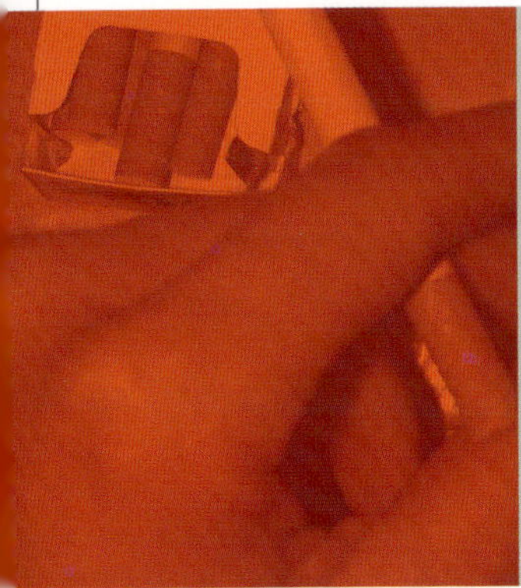

„... dein Stecken und Stab trösten mich ...“

mal so in den Arm nimmt, ohne gleich wieder etwas von dir zu wollen? Hast du einen **Lieblingsplatz**, vielleicht sogar ein geheimes Versteck, wohin du dich zurückziehst? Vielleicht gibt es auch eine bestimmte **Musik**, die du hörst, die dir dann hilft, die dir Beine macht und die dich wieder aufbaut.

Die Werbung kennt unsere Ratlosigkeit in Sachen „Muntermacher“, und so werden uns stark koffeinhaltige Getränke angeboten, die **angeblich** „Flügel“ verleihen und uns schwerelos abheben lassen. Zigaretten lassen dich **angeblich** den Duft der großen weiten Welt atmen, und gewisse alkoholische Getränke lassen dich **angeblich** cool, unabhängig und partymäßig in Stimmung kommen. Obwohl ich weiß, dass ich meinen Frust nicht wegtrinken oder im Zigarettenrauch verpuffen lassen kann, kann ich mich doch mit gewissen Mitteln eine gewisse Zeit vertrösten oder einnebeln. Was bei einer Schokoladen- oder Eiskremorgie aus Frust vielleicht noch harmlos aussieht, hat bei Drogen eine verheerende Wirkung. Eine Wirkung, die langfristig deinen **Frust verstärkt** und dich in einen Sog geraten lässt, der dich immer tiefer nach unten zieht, denn eine Droge verstärkt – langfristig – immer den Zustand, in dem du dich sowieso befindest.

Nicht ganz bei Trost?

Drogen sind keine Seelentröster, sondern Seelenvernichter. Drogen sind keine Mutmacher, sie machen dich nieder. Drogen sind keine Aufputscher, sie ziehen dich runter. Keine Macht den Drogen!

„... dein Stecken und Stab trösten mich ...", betet unser Psalm. Der Stab eines Hirten ist das, was die Schafe schon von Weitem sehen können, und schon allein die Tatsache, dass sie sehen und **wissen, der Hirte ist da**, auch wenn er jetzt gerade fünfzig Meter entfernt steht, ist für sie tröstlich – ich weiß, jemand hat mich im Blick, jemand weiß, wo ich stehe, **jemand meint es gut mit mir!** Der gute Hirte möchte dich trösten und dir Mut machen, deshalb ist er da.

Suche dir einen Lieblingsplatz, an dem dich keiner stört. Besorge dir eine schöne Bibel, mit einem Text, den du auch verstehst, eine moderne Übersetzung. Lege dir Musik auf, die dich tröstet, mit guten Texten – es gibt auch ganz viel tolle Musik mit christlichen Texten und Inhalten (persönliche Tipps im Back up). Fange vielleicht selbst an, Gitarre zu spielen und Lieder zu singen – ich weiß aus eigener Erfahrung, dass Musik ein ganz toller Seelentröster sein kann. Suche dir andere Jugendliche, die auch Lust haben, Gott kennen zu lernen. Es gibt sie in deiner Umgebung, bestimmt – du musst sie nur entdecken! Hab den Mut zu beten ... vielleicht so:

„... dein Stecken und Stab trösten mich ...“

Mein Gebet
zu dir, Gott

Guter Hirte,
mir geht es heute nicht gut,
ich fühle mich elend,
mir ist langweilig
und ich habe auf nichts richtig Lust.

Bitte hilf mir heraus aus meinem Frust,
lass mich schnuppern,
fühlen,
hören
und sehen:
Diese Welt ist schön!

Lass mich etwas erleben,
das mich wieder auf Trab bringt.
Schenk mir einen Menschen,
der mich versteht.
Danke, dass du da bist!
Amen.

Lecker leben

Ich freue mich, wenn ich von Freunden eingeladen werde. Das Haus ist hell erleuchtet, die Menschen sind voller Erwartung und gut gelaunt. Im Hintergrund klingt eine angenehme Musik, in der Luft liegt ein verheißungsvoller Duft. Ich werde herzlich begrüßt und umarmt. Dann trete ich in das Wohnzimmer und sehe einen wunderschön gedeckten Tisch: Die wallende weiße Tischdecke, das glänzende Besteck, die schönen Gläser und das edle Geschirr glitzern und strahlen mir im Schein der Kerzen entgegen. Ich sehe und spüre, da hat sich jemand ganz viel Mühe gegeben, um mir zu zeigen: **Das bist du mir wert!** Diesen Tisch und dieses Essen habe ich für dich „bereitet".

Mit anderen gemeinsam ausführlich essen und trinken gehört zu den schönsten Dingen, die ich kenne. Man hat Zeit, kann sich entspannen und sich gegenseitig erzählen, was man so die letzten Wochen und Monate getrieben hat, und wird dabei köstlich versorgt. Jemand legt eine tolle Musik auf, und der Abend verfliegt in die Nacht – herrlich!

Hast du so etwas Ähnliches auch schon mal erlebt?

Vielleicht hast du Lust auf ein schönes Picknick oder eine Grillparty mit deinen Freunden im Freien. Jeder nimmt etwas mit und packt es in seinen Rucksack, und dann geht es los:

Ihr lauft irgendwohin (früher nannte man das „wandern", aber das klingt gleich so anstrengend), nach einer Stunde oder so sucht ihr euch **ein schönes Plätzchen**, breitet eine große Decke aus und deckt gemeinsam einen wunderschönen „Tisch" – das macht Spaß, und du wirst sehen, die Zeit vergeht im Flug: Ihr hört Musik, esst und trinkt, hängt rum, spielt oder lest irgendwas und habt ganz viel Zeit zum Reden und Erzählen. Ein tolles Ziel für so eine Aktion ist z.B. auch das Schwimmbad oder ein gut überwachter Baggersee.

„Du bereitest vor mir einen Tisch ..."

Miteinander essen und trinken ist ein wichtiges Element des christlichen Glaubens, auch deshalb, weil hier der ganze Körper, der gesamte Mensch mit allen seinen fünf Sinnen angesprochen wird.

Erst **sehen** wir den reich gedeckten Tisch, dann **riechen** wir das Essen, wir **schmecken** die Getränke und die Speise, wir **berühren** das Brot und das Obst, die Gabel und das Messer, und wir **hören**, was die anderen erzählen und **erzählen** selber (manchmal mit vollem Mund, weil wir unbedingt etwas sagen wollen).

Als Jesus mit seinen Freunden (Jüngern) unterwegs war, haben sie das ganz oft gemacht, miteinander gegessen und getrunken. Dabei haben sie manchmal halb gelegen, sich richtig entspannt und von der Erlebnissen des Tages oder ihrer Wanderung erzählt.

Lecker leben

Glaube und Christ sein ist keine dröge Angelegenheit, bei der wir ständig nur „was auf die Ohren bekommen", sondern ein erfüllender ganzheitlicher Lebensstil, und deshalb feiert Jesus auch mit seinen Freunden ein großes Abschiedsessen. In unseren Gottesdiensten erinnern wir uns daran, wenn wir miteinander Abendmahl feiern. Kennst du die Worte, die dabei gesprochen werden?

In der Nacht, in der Jesus verraten wurde, nahm er ein Brot, sprach dabei ein Dankgebet, brach es in Stücke und sagte: „Das ist mein Leib, der für euch geopfert wird. Teilt auch ihr immer wieder das Brot miteinander, damit euch bewusst wird, was ich für euch getan habe!" Ebenso nahm er nach dem Essen einen Kelch und sagte: „Dieser Kelch steht für Gottes neuen Vertrag (mit euch), ein Vertrag, der durch mein Blut in Kraft gesetzt ist. Teilt miteinander den Wein auf diese Weise, damit euch, wann immer ihr das tut, bewusst wird, was ich für euch getan habe.
(1. Korinther 11, Vers 24 und 25: Gute Nachricht in Übertragung)

Jesus möchte, dass wir ihn „**verinnerlichen**", also nicht nur mit den Ohren hören und mit dem Verstand versuchen zu verstehen, sondern **auch spüren**, dass er unser Freund sein möchte und dass er sich auf diese Freundschaft zu dir und zu mir hat festnageln lassen am Kreuz von Golgatha, dass er also sprichwörtlich „seinen Leib", seinen Körper hingehalten hat und dass sein Blut wirklich geflossen ist **aus Liebe und Freundschaft** zu uns. Das kann man mit dem Kopf allein nur schwer erfassen (das ist wirklich ein Geheimnis des Glaubens) – es ist gut, dass man es schmecken, riechen, hören, sehen, ertasten und schließlich auch eine Zeit lang „verdauen" kann.

„Du bereitest vor mir einen Tisch …"

Nun könnte jemand einwenden: Na ja, beim Abendmahl kann man ja nicht gerade von einem reich gedeckten Tisch reden: ein Oblate und ein kleiner Schluck Wein sind ja nicht gerade üppig. – Das stimmt, aber es kommt nicht auf die Menge an, sondern auf das **Zeichen**, auf das, was es bedeutet. Und das Abendmahl ist ein Symbol dafür, dass Gott bei uns ist und uns auf unserem Weg **stärken und begleiten** möchte – spürbar, hörbar, riechbar, schmeckbar und sehbar … Ich glaube, das muss man sich erst mal auf der Zunge zergehen lassen, sich erst einmal bewusst werden lassen!

Außerdem kann man das Abendmahl auch anders feiern: mit richtigem Brot (türkisches Fladenbrot eignet sich hervorragend), mit Saft und Wein … oder ein großes Agapemahl, das heißt: Liebesmahl – weil wir uns ja an Jesus und seine Liebe zu uns erinnern –, dabei gibt es Brot, Obst und Käse und viel Zeit zum Reden (z.T. in kleinen Gruppen), zum Singen und Beten. Ein Gottesdienst, den wir so miteinander gestalten, macht Spaß und gibt uns Kraft.

„Ich **hasse** dich!“

Als ich noch zur Schule ging, fuhr ich meistens. Ich war nämlich ein Fahrschüler, das heißt, wir haben in einem kleinen Dorf gewohnt, und ich musste jeden Tag mit dem Bus in eine Kleinstadt fahren, wo ich zur Schule gehen konnte. An der Bushaltestelle spielte sich eine Zeit lang jeden Morgen dieselbe Szene ab: Immer wenn ich mich der Haltestelle näherte, lösten sich zwei ältere Jungs aus der Gruppe der Wartenden, steuerten auf mich zu und began-nen, mich zu piesacken. Sie knufften und stießen mich, sagten gemeine Sachen und machten ständig Witze über mich, über mein Aussehen, über meine Eltern und so weiter. **Vor denen hatte ich Angst**, ich konnte sie nicht ausstehen, traute mich aber auch nicht, gegen sie aufzubegehren, denn das hätte ja alles noch viel schlimmer gemacht. Diese Jungs waren damals meine Feinde.

Es gab einen bestimmten Lehrer, der mich nicht leiden konnte und der versuchte, mich regelmäßig vor der Klasse bloßzustellen. Ich hasste diesen Lehrer, ich hasste seinen Unterricht, ich hasste, wie er mich ansah und wenn er mich drannahm – er war mein Feind.

Schon sehr früh konnte ich auf die Frage: „Hast du Feinde?“ mit „ja“ antworten, denn ich wusste und erlebte, dass es Menschen gab, **die nicht gut mit mir umgingen**, die mir Angst machten und **mich in die Ecke trieben.**

„... im Angesicht meiner Feinde“

Hast du auch Feinde? Oder hast du den Eindruck, eigentlich bin ich jedermanns Liebling, alle gehen gut mit mir um und es gibt keinerlei Situationen, in denen mich irgendwer „in die Ecke“ treibt? Wenn das so ist, dann bist du ein Glückspilz. Dann kannst du eigentlich nur sagen: „Lieber Gott, ich danke dir!“

Der **Normalfall** ist, dass wir „Feinde“ haben, und deshalb betet unser Psalm weiter: „im Angesicht meiner Feinde“ oder im ganzen Satz: „Du bereitest vor mir einen Tisch im Angesicht meiner Feinde.“

Auch Eigenschaften und **Gewohnheiten** können unsere Feinde sein. Für jemanden, der gerne Gitarre spielen lernen möchte, aber stinkfaul ist, für so jemanden ist seine Faulheit ein „Feind“. Für jemanden, der Übergewicht

„Ich hasse dich!"

hat und immer Appetit auf Schokolade, für so jemanden ist seine Naschsucht ein „Feind". Für eine, die früh aufstehen muss, aber abends nicht ins Bett kommt, ist die Trägheit ein „Feind". Bestimmt fallen dir auch ein paar „Feinde" ein, **die dich hindern**, so zu leben, wie du es eigentlich möchtest. Unser Psalm möchte dir helfen, mit deinen Feinden gut umzugehen.

Du hast einen so kraftvollen Freund und Begleiter, der dich selbst in der Gegenwart deiner Feinde das Leben in vollen Zügen genießen lässt. Du erfährst Gott auf einmal als einen **mächtigen Freund, der zu dir hält** und der dir vor allem eines schenkt: **Gelassenheit.**

Also, keine Panik – jeder Mensch hat Feinde, und du kannst lernen, mit ihnen umzugehen.

Aus so einer großen Gelassenheit heraus kann Jesus von Nazareth geradezu unglaubliche Dinge sagen. Er sagt z.B.: „Liebt eure Feinde. Segnet, die euch verfluchen. Tut Gutes denen, die euch hassen!"

Jesus sagt nicht: Du darfst keine Feinde haben – im Gegenteil, er sagt: Du hast Feinde! Erkenne das, **akzeptiere es**, denn nur dann kannst du anfangen, anders mit ihnen umzugehen.

Nur wenn du bereit bist, **deinen Feinden ins Auge zu schauen**, kannst du einen Lebensstil entwickeln, bei dem nicht die Feinde gewinnen, sondern du.

Mitten in der Bergpredigt (Matthäus, Kapitel 5 – 7), wo Jesus diesen provokanten Satz von der Feindesliebe sagt, nimmt er seine fassungslosen Zuhörer beiseite und bringt ihnen ein Gebet bei:

„Vater unser, der du bist im Himmel, geheiligt werde dein Name, dein Reich komme, dein Wille geschehe wie im

Himmel so auf Erden. Unser tägliches Brot gib uns heute, und vergib uns unsere Schuld, wie auch wir vergeben unseren Schuldigern. Und führe uns nicht in Versuchung, sondern erlöse uns von dem Bösen, denn dein ist das Reich, die Kraft und die Herrlichkeit, in Ewigkeit. Amen.“

Und Jesus sagt damit: Da, wo du mit deiner Kraft und mit deinem Willen nicht weiterkommst, kannst du vor den Schöpfer des Kosmos treten und ihn mit „**Vater**“ ansprechen.

„Dein Reich komme, dein Wille geschehe ...“ – du kannst ihn bitten: **Komme du** mit dein Kraft, mit deiner Liebe und Vergebung in mein Leben und hilf mir, dass ich es lerne, mit meinen Feinden anders umzugehen.

So wird Glaube und Christsein etwas unglaublich Spannendes. **Ich werde zum Überschreiter meiner eigenen Grenzen**: Jesus hinterher auf dem Weg zu einem wachen und engagierten Menschsein.

„Ich **hasse** dich!"

Tipp

Ich kann lernen, gelassen mit meinen Feinden umzugehen ...

... indem ich mir klar mache, dass jeder Mensch „Feinde" hat, dass das etwas ganz Normales ist und dass wir alle lernen müssen, mit unseren „Feinden" umzugehen.

... indem ich sie zunächst einmal benenne und erkenne. Auch Umstände und Gewohnheiten können zu Feinden werden.

... indem ich mir diese Feinde genau anschaue, sie kennen lerne: Wann tauchen sie auf, warum habe ich Angst, wie reagiere ich?

... indem ich mit anderen darüber spreche: Wie geht ihr mit euren „Feinden" um, wie kann man sie austricksen oder überwinden. Bei besonders hartnäckigen Feinden (alle Arten von Süchten: Spielsucht z.B.) solltest du dir professionelle Hilfe suchen.

... indem ich Jesus beim Wort nehme und Gott um Kraft und Hilfe bitte, dass ich es lerne, anders, gelassen mit meinen Feinden umzugehen.

Vielleicht kannst du so beten:

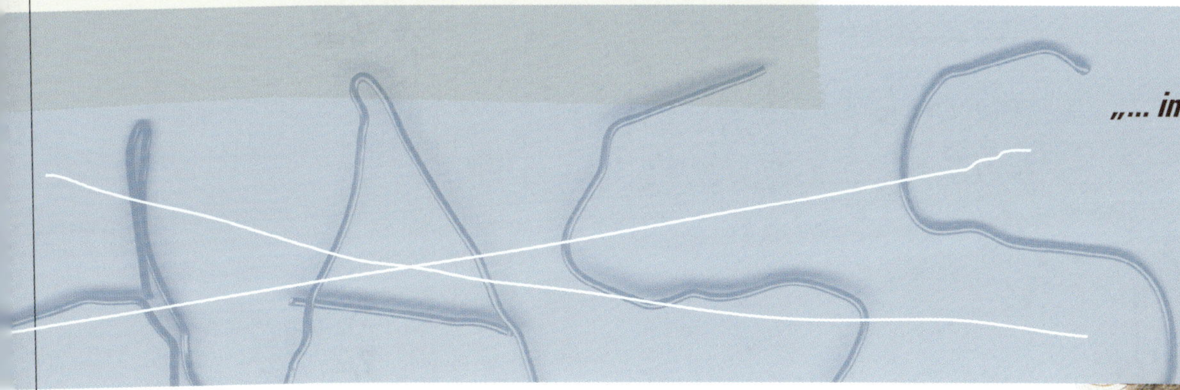

„... im Angesicht meiner Feinde“

Gebet

Guter Hirte *(oder setze ein, wie du Gott ansprechen möchtest),*
immer wieder komme ich in Situationen,
in denen ich mich bedrängt fühle.
Ich werde missverstanden,
ich werde ausgelacht,
ich werde gemieden.
Manchmal sage ich Dinge,
um anderen zu gefallen,
und merke, dass es gar nichts nützt,
dass ich trotzdem nicht geliebt werde
und mich nun auch noch selber hasse.

Ja, ich habe Feinde,
und manchmal steh ich mir selbst im Weg.
Bitte hilf mir,
dass ich es lerne,
meine Feinde zu erkennen
und zu benennen.
Zeige mir Menschen,
denen ich vertrauen kann,
und schenk mir den Mut,
mit anderen über das zu sprechen,
was mich bedrängt.

Komm du mit deiner Kraft,
komm du mit deiner Liebe,
komm du mit deiner Vergebung
in mein Leben,
und hilf mir, dass ich lerne,
gelassen mit meinen Feinden
umzugehen.
Amen.

„Zicke, Zacke ..."

Bevor Kevin mit seiner Fußballmannschaft „auf den Rasen geht", stellen sich alle Spieler im Kreis, fassen sich an den Schultern und rufen auf den Boden: „Wir haben gut trainiert, wir werden auch gut spielen!" Danach schlägt jeder jedem Spieler mit der rechten Hand auf dessen rechte Hand. Andere rufen einfach nur dreimal im Chor: „Zicke, Zacke, Zicke, Zacke, hoi, hoi, hoi!", bevor sie aufs Spielfeld stürmen.

Bevor Miriam eine Klassenarbeit schreibt, drückt sie Felix, ihren kleinen Kuschelpanda, noch einmal fest an sich und setzt ihn dann auf ihr Mäppchen, sodass sie Blickkontakt zu ihrem Maskottchen halten kann.

Manche Künstler halten sich, bevor sie gemeinsam die Bühne betreten, noch einmal fest an den Händen und tun so, als würden sie sich links und rechts über die Schulter spucken.

Solche, unter gewissen Umständen immer wiederkehrenden Handlungen nennt man Rituale. Auch in der Kirche gibt es Rituale: Die Taufe, die Konfirmation, die kirchliche Trauung, die Beerdigung sind „kirchliche Handlungen", die nach einem ganz bestimmten Ritus ablaufen und die wichti-

ge Übergänge und Schnittstellen im Leben eines Menschen begleiten.

Rituale helfen uns, mit einer schwierigen, vielleicht auch verunsichernden Situation umzugehen – sie geben uns Halt und Orientierung, sie helfen uns, dass wir uns zurechtfinden.

Ein Ritual deutet immer an: **Hier passiert jetzt mehr,** als wir mit dem Verstand begreifen können, hier geschieht eine Wandlung, ein Impuls, dessen Auswirkungen wir im Moment vielleicht noch gar nicht sehen können.

Kennst du auch Rituale? Gibt es in deinem Freundeskreis, in deiner Clique Gesten und Handlungen, die in bestimmten Situation immer wiederkehren – vielleicht die Art, wie ihr euch begrüßt oder verabschiedet (Küsschen links, Küsschen rechts z.B.)? Es ist spannend, mal darauf zu achten, wo uns in unserem Alltag Rituale begegnen. Vielleicht

„Zicke, Zacke ..."

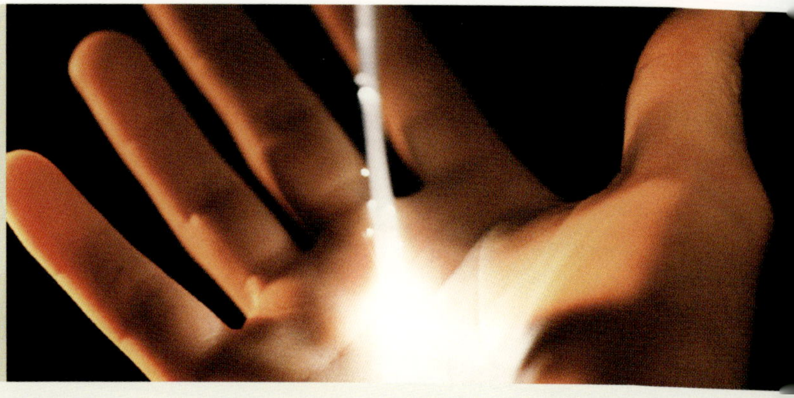

hast du ja Lust, dir mit deinen Freunden mal ein Ritual auszudenken und mal spielerisch eine Zeit lang einzuüben.

„Du salbst mein Haupt mit Öl", so geht unser Psalm weiter. Als der Hirtenjunge David ausgewählt wurde, König über Israel zu sein, geschah dies dadurch, dass sein Haupt (sein Kopf) von einem Propheten mit einem kostbaren Öl bestrichen wurde – „sein Haupt wurde mit Öl gesalbt" –, das war ein **Ritual**, das unmissverständlich klar machte: Dieser Mensch ist von Gott auserwählt, König zu werden.

Dieses Bild hat der Autor unseres Psalms vor Augen: Ich bin ein von Gott auserwählter Mensch, in seinen Augen bin ich „königlich" – einzigartig, wertvoll. Auch, wenn ich mich im Moment gar nicht so fühle, sieht er mich doch als **Königskind**.

Manchmal, wenn ich als Jugendlicher den Eindruck hatte, die Welt hat sich mal wieder gegen mich verschworen, habe ich mir einen ganz bestimmten Vers aus der Bibel in Erinnerung gerufen, und dieser Vers heißt: „Ist Gott für uns, wer kann gegen uns sein".

Dieses Ritual der Salbung möchte dich spüren lassen: **Gott akzeptiert und liebt dich**, bis in die Haarspitzen – von Kopf bis Fuß. Wer das glauben kann, der entdeckt sie wieder – die Gelassenheit.

Gott, der Schöpfer des Kosmos, ist mein Freund und Begleiter.

Er ist ein mächtiger Verbündeter, der mich salbt zu einem Königskind und der mich – selbst im Anblick meiner Feinde – gelassen das Leben genießen lässt.

„**Messias**“ wurde Jesus immer wieder genannt, und das heißt nichts anderes als „**der Gesalbte**“. Die Menschen erkannten in ihm den Gesalbten Gottes, also den von Gott besonders Auserwählten. Dieser Jesus kann und möchte dein Freund und Bruder sein.

Er kann dir helfen, anders zu leben und mit deinen Feinden überraschend anders umzugehen. Jemand hat einmal gesagt: „Liebe deine Feinde, denn das bringt sie total durcheinander.“

Kannst du das glauben? Jesus möchte dein Freund sein – für immer!

„Volle Kanne!“

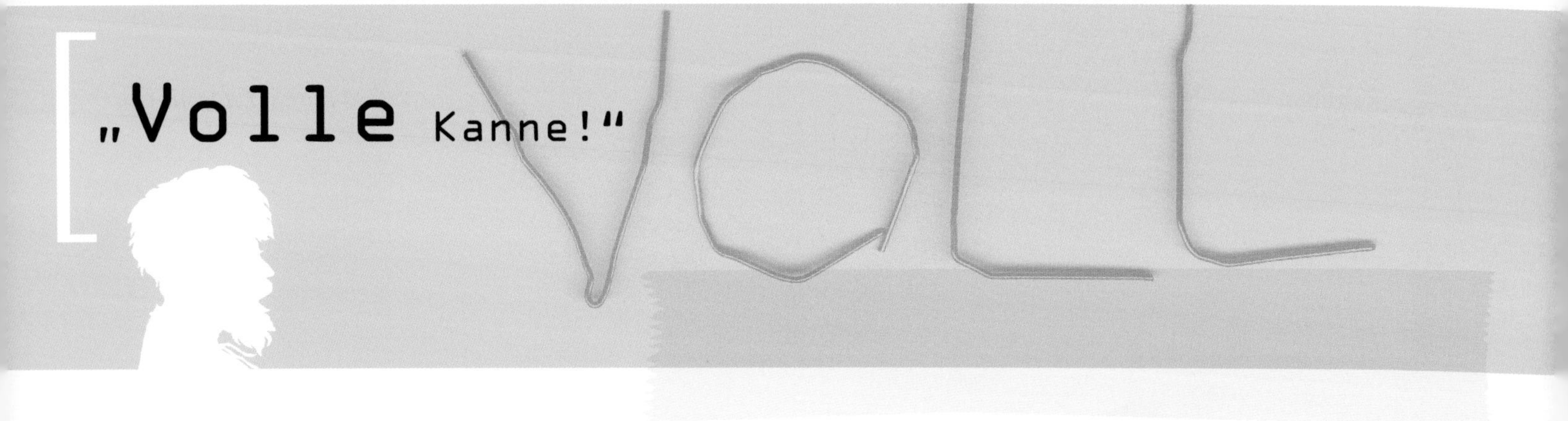

Edward Reid starb im Alter von 85 Jahren – und als echter Schotte. Der Junggeselle lebte allein in einem heruntergekommenen Schuppen ohne Heizung. Einziger Luxus war ein Auto, ein verbeulter Fiesta. „**Geiz** war sein Leben“, hieß es in den nüchternen Nachrufen. Umso größer war die Überraschung bei der Testamentseröffnung: Reid hinterließ mehr als siebzehn Millionen Pfund (umgerechnet etwa siebenundzwanzig Millionen Euro). – Damit hatte wohl niemand gerechnet.

Edward Reid wirkte so arm, dass mitleidige Nachbarn schon mal mit einer warmen Mahlzeit an die Tür klopften. Neue Kleidung gab es prinzipiell nicht. Fiel die Hose fast auseinander, wurde sie ausgebessert. Das Auto nutzte der Schotte, um einmal im Jahr ans Meer zu fahren, „in den Urlaub“. Die Küste war ganze siebzehn (!) Kilometer von seiner Behausung entfernt. Abends ging es wieder nach Hause.

Die hinterlassenen Millionen wurden schließlich, ganz nach dem britischen Erbrecht, auf drei entfernte Verwandte verteilt. Sie hatten den Erblasser in fünfundzwanzig Jahren nur zwei Mal gesehen ... Familienfeste kosten schließlich Geld. – Ein **armer reicher Mann**.

„... und schenkst mir voll ein!“, sagt der Psalm 23. Also nicht „kleinlich“ (geizig), sondern **„großzügig“ ist unser Leben gedacht**. Von wegen: „Geiz ist geil“! Was mag in diesem kauzigen Edward Reid vor sich gegangen sein? War er wirklich geizig oder einfach nur verwirrt? Und wie kommt es, dass Millionen von Menschen sich das Wort im Mund verdrehen lassen, sodass auf einmal aus „Sparsamkeit“ „Geiz“ wird? Jeder weiß, dass echter Geiz etwas Unerträgliches, manchmal sogar etwas Krankhaftes an sich hat. Geizige Menschen sind unangenehme und irgendwie traurige Zeitgenossen.

„... und schenkst mir voll ein!“

„... und schenkst mir voll ein!“ Das Glas ist bei Gott weder **halb voll,** noch ist es **halb leer** – Gott schenkt dir **voll** ein. Manchmal sehen wir gar nicht, was wir alles haben, wie gut es uns geht und wie „voll“ unser Leben ist. Manchmal hörst oder sagst du nur: „Das ist ja voll krass!“

Vielleicht kannst du ja auch mal entdecken:

Ich habe ...

... voll die vielen Begabungen

... voll die guten Freunde

... voll die netten Eltern

... voll das schöne, eigene Zimmer

... voll den coolen Urlaub gehabt

... voll die vielen Freizeitmöglichkeiten

... voll den guten Musikgeschmack

... voll die intakte Gesundheit

... voll die guten Noten

... voll die schönen Klamotten

... voll die guten Ideen, etwas Kreatives zu machen

Du kannst es selbst weiter ergänzen, und du wirst sehen: Dein Leben ist „voll“ guter und schöner Dinge, die du oft vielleicht gar nicht mehr siehst – sie sind aber da, und daran will dich unser Psalm erinnern.

„Volle Kanne!“

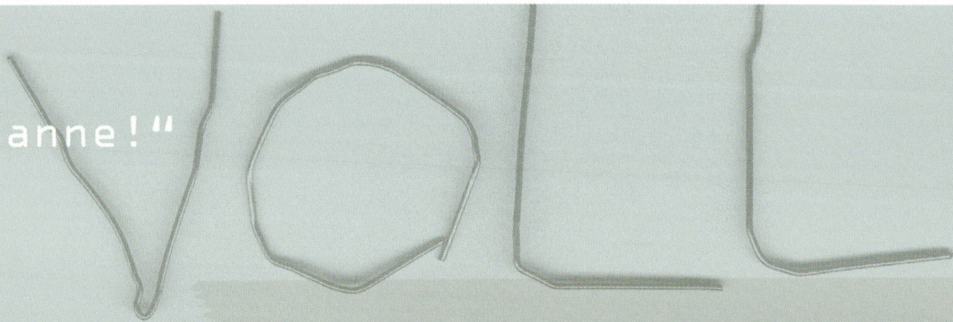

Wenn ich merke, dass ich **reich beschenkt** bin und dass das Leben mit mir großzügig umgegangen ist, dann kann ich anfangen, auch anderen gegenüber großzügig zu sein.

Manchmal sagen wir: „Der oder die teilt mal wieder voll aus!“ und meinen damit, dass jemand mal wieder mit derben Scherzen und Beleidigungen wild um sich schlägt. Viel schöner wäre es doch zu lernen, anderen „voll einzuschenken“ und großzügig zu sein – das wäre wirklich „geil“. Und besser als „Geiz“.

Der Psalm möchte dir dabei helfen.

„Und wenn dich jemand bittet, eine Meile mit ihm zu gehen, dann gehe du zwei Meilen mit ihm. Und wenn dich jemand um dein Hemd bittet, dann gib ihm auch noch den Mantel dazu“, hat Jesus von Nazareth einmal gesagt. Er ermuntert uns, **großzügig, hilfsbereit** und eben nicht kleinlich und geizig zu sein. Vielleicht hast du ja mal Lust, es

auszuprobieren. Versuche doch mal, großzügig zu sein und andere positiv zu überraschen, indem du ihnen „voll einschenkst" – **mehr als sie erwarten** ...

... **indem** du dir für jemanden Zeit nimmst und ihm Zeit schenkst
... **indem** du jemandem hilfst, der (z.B. in der Schule) nicht klarkommt
... **indem** du andere ab und zu mal einlädst
... **indem** du zu Hause mal von dir aus hilfst

Es gibt so viele Möglichkeiten, Großzügigkeit einzuüben, dir fallen ganz bestimmt noch ganz viele Gelegenheiten ein. **Das Schöne** daran ist, wenn du andere beschenkst, wirst auch du wieder beschenkt. Du wirst sehen, dein Leben wird **reicher** und schöner. Ein Gebet kann dich auf dieses schönere Leben einstimmen:

„... und schenkst mir voll ein!"

Mein Gebet zu dir, Gott

Lieber Gott,
du hast mich reich beschenkt.
Wenn ich ein bisschen nachdenke,
erkenne ich:
Du schenkst mir voll ein!

Ich möchte es lernen,
andere zu beschenken.
Lass mich die richtigen
Gelegenheiten erkennen.
Und hilf mir,
dass ich meinen
inneren Schweinehund überwinde,
den Geizkragen aufknöpfe
und beginne,
ein großzügiger Mensch zu sein.
Amen.

Zum Glück

Als ich vor einigen Jahren einmal für längere Zeit in Kalifornien gelebt habe, habe ich eines Tages im Fernsehen folgenden Spot gesehen:

Ein spastisch gelähmter Mann wurde gezeigt, der grunzend und vor sich hin sabbernd irgendetwas Unverständliches vor sich hin brabbelte. Dann machte der Film einen Schnitt, und man sah denselben Mann, wie er auf Knien und einem am Kopf befestigten Pinsel wunderschöne Bilder malte. Völlig selbstvergessen und voller Enthusiasmus brachte er etwas Einmaliges zu Stande. Dann machte der Film wieder einen Schnitt und zeigte ihn, den Mann mit Namen Vincente, in Großaufnahme, wie er in die Kamera sprach: „**I am a lucky person**“ („Ich bin ein glücklicher Mensch“), und darunter erschien in Schreibmaschinenschrift geschrieben: **„... und was hast du zu sagen?“**

Das Ganze hat mich unglaublich beeindruckt, und ich musste ein Lied darüber schreiben.

Woher kommt es, das Glück? Das Glücklichsein-Können? Woher kommt sie, die Zufriedenheit? Was braucht man dazu? **Was zählt?**

„... Gutes und Barmherzigkeit werden mir folgen mein Leben lang ...“, behauptet unser Psalm. So etwas kann doch nur jemand sagen, der den Ein-

„... Gutes und Barmherzigkeit werden mir folgen mein Leben lang ..."

druck hat: Mir geht es gut! **So wie es mir geht, ist es okay**. Es gibt keinen Grund, sich zu beschweren. Das Leben meint es gut mit mir, und ich werde begleitet von einem barmherzigen Geist.

„**Barmherzig**", was soll das überhaupt heißen? Das klingt so altmodisch ... – Nun, vielleicht hilft es, wenn wir uns bewusst machen, dass wir **in einer unbarmherzigen Welt**, in einer Ellbogengesellschaft leben, wo jeder sich selbst der Nächste ist. In den **Maßstäben** dieser Welt, in der wir leben, kommt es darauf an, dass du möglichst schnell Karriere machst und möglichst viel Geld verdienst; das zumindest versucht man dir einzureden.

Da aber anscheinend Geld allein nicht glücklich macht, fehlt den meisten Menschen etwas ganz Wichtiges. Der Liedermacher Wolf Biermann hat mal getextet: „Da muss noch **Leben ins Leben** ..." Dieses Leben, dieser Lebensmehrwert kommt in diesem Gefühl zum Ausdruck „... Gutes und Barmherzigkeit werden mir folgen mein Leben lang" – ich weiß mich getragen und begleitet von einem guten Geist. Gottes Geist ist dieser gute Geist. Gottes Geist ist barmherzig.

Da draußen

... wenn ich falle, kriege ich noch einen Tritt
... wenn ich stottere, lacht man mich aus
... wenn ich etwas falsch mache, wird es notiert
... wenn ich nachgebe, wird es ausgenutzt
... wenn ich verliere, bin ich verloren

Bei dir

... wenn ich falle, fängst du mich auf
... wenn ich stottere, schenkst du mir neue Worte
... wenn ich etwas falsch mache, lerne und wachse ich
... wenn ich nachgebe, werde ich beschenkt
... wenn ich verliere, gewinne ich woanders

Mein Lieblingsplatz

Als Kinder hatten wir ein geheimes Versteck, das außer uns niemand kannte, dorthin habe ich mich zurückgezogen, wenn ich alleine sein wollte – das war damals mein Lieblingsplatz. Später, als ich dann ein eigenes Zimmer hatte, war das natürlich mein Lieblingsplatz. Das war **mein Reich**, das konnte ich gestalten, wie ich wollte, und ein Schild „Bitte nicht stören!" hatte ich auch draußen angebracht – herrlich!

Einer meiner Lieblingsplätze heute liegt auf einer Anhöhe im Odenwald. Man braucht von mir zu Hause aus etwa eine drei viertel Stunde zu Fuß, um dorthin zu gelangen. Dort steht eine Bank. Da setze ich mich ab und zu hin und überschaue das Tal, in dem ich lebe. Da kann ich **durchatmen** und die Dinge, die mich gerade so umtreiben, **bedenken**.

Hast du auch einen Ort, an dem du dich so richtig wohl fühlst, an dem du für dich sein kannst und den du so gestalten kannst, wie du möchtest?

„**... und ich werde bleiben im Hause des Herrn immerdar**." So endet unser Psalm 23. Da hat jemand seinen Platz gefunden. Er sagt: Bei diesem Gott, bei diesem guten Hirten fühle ich mich so **geborgen**, sicher und gestützt, dass ich immer bei ihm bleiben möchte.

Solch ein Freund, solch ein guter Geist tut mir unendlich gut, und nicht nur das – als der Schöpfer des Kosmos wird

„... und ich werde bleiben im Hause des Herrn immerdar."

er mich auch über den Tod hinaus begleiten – **er ist bei mir** und ich bei ihm. Immerdar, ewig.

Damit bekommt mein Leben eine unendliche Dimension, die mich herauslöst aus dem Druck, unter dem wir alle permanent stehen.

Wir haben ...

... Zeitdruck

... Karrieredruck

... Beziehungsdruck

... Erlebnisdruck

... finanziellen Druck

... Notendruck

Ständig stehen wir unter Druck!

Immerdar bedeutet ...

... viel Zeit

... Freiraum, mich zu entfalten

... Fehler sind erlaubt und nötig

... ich verpasse nichts

... mir wird nichts mangeln

... Gutes und Barmherzigkeit werden mir folgen

Mein Lieblingsplatz

Aber Moment mal, wenn es heißt: „im Hause des Herrn“, ist damit nicht **die Kirche** gemeint? „Die ist mir jetzt aber gar nicht eingefallen, als ich über ‚meinen Lieblingsplatz‘ nachgedacht habe“, sagst du vielleicht. Oder: „Naja, manchmal vielleicht schon. ... Wenn ich gar nicht weiterweiß und eine Kirche offen steht, dann zieht es mich schon dorthin, oder an Weihnachten, wenn der Weihnachtsbaum so festlich geschmückt ist und alle ‚O du Fröhliche‘ singen – da fühle ich mich wohl in der Kirche. Aber ansonsten sitzen doch da nur alte Leute, die Atmosphäre ist steif, und das Programm gefällt mir auch nicht ...“

– Moment mal ... die Kirche und der Gottesdienst sind so **lebendig**, wie **du** ihn **mitgestaltest**. Du und deine Freunde. Und die, die sich zur Gemeinde zählen. Davon lebt ein Gottesdienst. In der Bibel heißt es: „Wenn ihr zusammen Gottesdienst feiert, soll jeder etwas mitbringen: der eine ein Lied, der andere was zu essen, die Dritte ein Gebet, der Vierte eine Predigt“ usw.

Wie müsste denn **ein Gottesdienst** aussehen, **der dir gefällt**?

Wie sollte eine Kirche aussehen, die dich „anmacht“?

Hast du eine Idee, wie die Kirche aussehen müsste, in der du dich zu Hause fühlst? Schreib es doch mal auf!

Oder, noch besser, sprich mit anderen darüber. Warum nicht auch mit Gott, denn so hat ja dieses Buch angefangen, damit, dass du dich **auf den Weg gemacht** hast, Gott zu suchen und ihm einen Namen zu geben. Du hast gesehen, dass du mit allem, was dich bewegt, zum ihm kommen kannst – **du hast einen ewig treuen Freund**. Und bei ihm bist du wirklich **zu Hause** – jetzt und für immer!

<Back up>

Und hier, wie versprochen: meine CD-Tipps für dich – zum Aussuchen

Judy Bailey, „found the sun", J-Star/BMG

www.judybailey.de

Normal Generation?, J-Star/BMG

www.normalgeneration.com

Sarah Brendel, Zyxx

www.sarahbrendel.de

Stacie Orrico, Forefront/Gerth Medien,

www.stacieorrico.com

W4C, set free entertainment

www.w4c.info

Beatbetrieb, Stereo Wonderland/Polydor

www.beatbetrieb.de